DE

L'INTÉRÊT DES CAMPAGNES

DANS

LES ÉLECTIONS

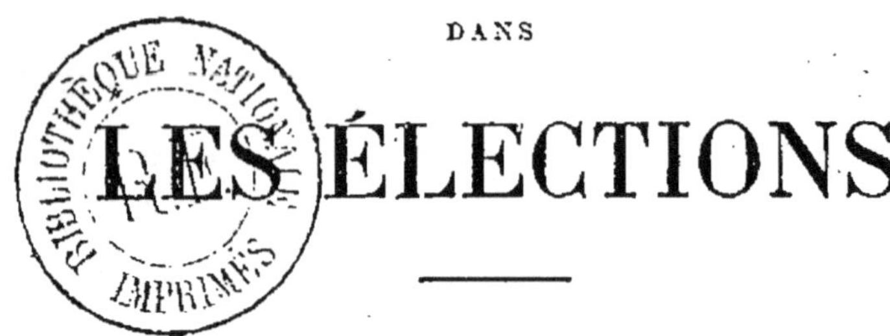

CONFÉRENCE FAITE A QUIMPERLÉ

Le vendredi 14 janvier 1876

PAR

M. CORENTIN GUYHO

Docteur en Droit

Avocat au Conseil d'État et à la Cour de cassation

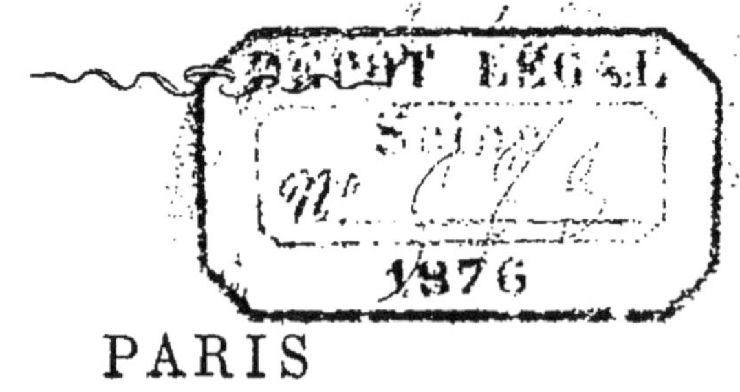

PARIS

IMPRIMERIE TYPOGRAPHIQUE DE A. POUGIN

13, QUAI VOLTAIRE, 13

1876

L'INTÉRÊT DES CAMPAGNES

LES ÉLECTIONS

Messieurs et chers Compatriotes,

Il est des gens timorés — (vous venez de prouver que vous n'êtes point du nombre) — qui trouvent commode d'avoir un sous-préfet pour leur dire ce qu'il faut faire, — un percepteur pour les avertir de ce qu'il faut payer, — et un gendarme pour montrer aux récalcitrants où il faut aller. — Ces gens-là croiraient se compromettre en assistant à une réunion, — perdre leur temps en s'occupant de politique — et sortir de leur rôle en surveillant la direction du navire sur lequel ils sont embarqués comme passagers.

C'est cette indifférence politique qu'il faut regretter et combattre ; car il est de l'intérêt de tous (je vais essayer de le montrer), il est de l'intérêt immédiat aussi bien qu'éloigné de s'occuper de politique, — s'occupant de politique, de préférer la République à toute autre forme de gouvernement, — et, préférant la République, de maintenir la Constitution existante.

Avant tout, je voudrais faire saisir le lien étroit qui rattache l'intérêt général du pays à l'intérêt particulier de chaque citoyen.

La liberté, — comme nous l'entendons, du moins, — c'est le droit pour chacun d'être maître de sa personne et de son bien, d'élever son enfant à sa guise, de travailler et d'agir seul, — ou avec les autres, sans avoir rien à craindre de la loi, — tant qu'on ne nuit pas à autrui. La liberté c'est, pour un peuple qui vit d'agriculture et d'industrie, — le droit de faire ses affaires, — de se préparer à lui-même son lendemain, — de ne pas apprendre après coup qu'il a été appauvri peu à peu par les folles dépenses du pouvoir, ou qu'il est jeté soudain dans une guerre mal préparée !

Cette liberté là, — c'est le bien sans lequel les autres ne sont rien ; car, sans elle, ils peuvent m'être ravis d'un jour à l'autre. En Asie, où il n'y a pas du tout de liberté, — ni civile, ni politique, — il n'y a pas non plus — à proprement parler — de propriété. — Partout les peuples sont pauvres dans la mesure où ils sont asservis, riches en proportion de l'importance qu'ils attachent aux affaires publiques, — témoins : la Turquie despotique qui fait banqueroute, et la libre Amérique qui paye, en quelques années, sa dette colossale !

Oui ! la liberté est le profit de tous. Elle est le profit des gouvernements — qui s'en défient; car, en leur demandant des réformes, elle les met à l'abri des révolutions. Elle est le profit de l'Eglise — qui la répudie; car c'est la liberté qui, — sous les apôtres, — a permis d'annoncer l'Evangile, et c'est à elle aussi que la religion chrétienne devra peut-être un retour de foi sincère ! La liberté est encore le profit de l'industrie et du commerce — qui longtemps en ont eu peur; — car elle leur permet de compter que, le bon sens de la nation remplaçant les passions du prince, la politique du pays restera pacifique et raisonnable; elle est enfin le profit de chaque citoyen; car, — en remettant entre les mains de tous le soin de leur destinée, — elle assure au plus pauvre comme au plus riche, au plus humble comme au plus grand, le fruit de son travail et la dignité de sa personne. La liberté est donc, à la fois, la plus noble des satisfactions pour l'âme, et la plus sûre des garanties pour les intérêts : — elle hausse le cœur... et, ce qui ne nuit jamais, — elle emplit la bourse !

Ainsi, c'est se trahir soi-même que

ne pas user de ses droits politiques, et sacrifier, ou l'égalité, ou la liberté. Voulez-vous voir l'application pratique de cette vérité? L'histoire nous en fournira trois exemples successifs : l'ancien régime, le second empire et l'*ordre moral* du 24 mai.

I.—Aujourd'hui, vous êtes, en général, propriétaires du bien que vous cultivez; vos enfants trouvent, chaque jour, plus près d'eux, une école où ils acquièrent l'instruction que votre père n'avait pas peut-être; vous êtes citoyens, vous votez; on vous compte pour quelque chose dans l'Etat; on a besoin de vous; on vous sert; on vous flatte même, vous êtes souverains! Eh bien! d'où vous viennent ces avantages matériels et cette dignité morale? De la grande Révolution française, de cette révolution qu'on voudrait vous faire renier et maudire!

Rappelez-vous toujours ceci : 1789 vous a donné la terre; 1830 l'école, et 1848 le suffrage universel. A chacune de ces dates, dates maudites par ceux qui vivaient de priviléges et d'injustices, vous, habitants des campagnes, vous avez fait un pas en avant. Les villes ont vaincu; mais vous avez eu votre part dans le fruit de la victoire. Oui! si vous êtes des propriétaires et des citoyens, c'est que, dans les villes, il est des gens qui se sont occupés de politique; il est des penseurs qui ont reconnu vos droits, des écrivains qui les ont revendiqués, des orateurs qui les ont proclamés du haut de la tribune. C'est aux apôtres et aux martyrs de la liberté que vous devez ce que vous avez, et ce que vous êtes.

Rappelez-vous le passé : on en parle comme du « *bon vieux temps* » ; soit! Mais reste à savoir pour qui ce temps était *bon*. Sous l'ancien régime, les institutions politiques étaient combinées de manière à empêcher l'acquisition de la terre par le « *vilain* » (et le « *vilain* », c'était nous!) Les domaines seigneuriaux passaient, sans réserve, au fils aîné du noble qui, riche et puissant à son tour, ne les cédait — le plus souvent, — à aucun prix, et tenait « *ses paysans* » sous une domination, — tantôt adoucie par la charité, tantôt rendue bien dure par les exigences intéressées des intermédiaires : le receveur de rentes ou l'intendant du château.

Cette terre — quand le paysan était parvenu à l'acquérir, sur l'argent économisé à force de travail, de privations et de patience, — croyez-vous qu'elle fût libre, quitte et franche de toute obligation? Oh! que non pas! — Elle devait au roi la *taille* ou impôt foncier en vertu du droit public; au curé la *dîme,* autrement dit une gerbe sur dix, en vertu du droit ecclésiastique ; au noble la redevance seigneuriale, en vertu du droit féodal.

Ce n'est pas qu'à cette époque les impôts fussent, en eux-mêmes, beaucoup plus lourds que maintenant; grâce aux fautes de l'empire, ils sont aujourd'hui plus forts que jamais ; mais, outre que la richesse générale était moins grande, ils étaient rendus plus pesants pour vous par la manière inégale et injuste dont ils étaient répartis. — C'était un petit nombre de privilégiés qui détenait la fortune, et c'étaient les autres, ceux qui avaient le moins, qui payaient le plus, — je me trompe, qui payaient seuls! — Aussitôt que — de Grosjean — on devenait un personnage, et qu'on pouvait se dire noble, — à tort ou à raison, — on se faisait exempter de l'impôt; on était au-dessus de la *taille* (sans jeu de mots), et le bât retombait plus accablant sur le laboureur, la bête de somme du « bon temps. »

Eh bien! malgré leur inégalité, les charges publiques étaient encore moins odieuses que les droits féodaux, droits — qui (même dans les dernières années de l'ancien régime, et c'est de celles-là seulement que je m'occupe), — se multipliaient en se diversifiant à l'infini : Redevance en argent, redevance en nature, redevance en travail ou *corvée*. La récolte était mangée sur pied par les pigeons et le gibier du seigneur. De ce qui restait après la moisson, lui-même s'attribuait le plus net: Ici, tant de sacs; là, tant de barriques. Il ne dédaignait pas de se faire meunier pour prélever la fleur de la farine; il touchait un droit sur les ventes, recueillait une part dans les successions, en un mot, prenait à tous et de toutes mains. — Et c'est ce paysan dévoré jusqu'à l'os par le loup féodal; maintenu sans ombre d'instruction par ceux qui se faisaient un patrimoine de son ignorance; n'ayant en moyenne que « 25 livres nettes » à dépenser par an pour son entretien et sa nourriture; obligé, — dans les années de disette, — de manger l'herbe des champs, faute d'avoir pu conserver pour lui-même un peu de ce pain qu'il produisait pour les autres, — c'est ce malheureux qu'on forçait à danser le dimanche, — sur la place du village, — pour amuser, par sa gaucherie et sa simplicité, les grandes dames du château, tandis que ses enfants tout nus se traînaient sur le pas des portes pour se chauffer aux rayons gratuits du soleil. (*Sensation.*)

Aussi, vers 1789, quel cri désespéré et touchant s'élevait de tous côtés vers le trône! « Si vous voyiez, disaient les laboureurs dans leurs pétitions au roi, si vous voyiez les pauvres chaumières que nous habitons, la pauvre nourriture que nous prenons, vous seriez touché, et cela vous dirait mieux que des paroles que nous n'en pouvons plus... » Et un Evêque ajoutait ces mots qui, en même temps que l'éloge de la patience populaire, sont la condamnation de l'indifférence royale : « C'est un peuple martyr, et auquel la vie ne semble avoir été laissée que pour le faire souffrir plus longtemps ! »

Le roi s'occupait parfois du sort des paysans, mais avec cet intérêt distrait, cette pitié passagère et superficielle de l'homme qui veut conserver sa réputation de *bon maître* sans qu'il lui en coûte ni un effort, ni un sacrifice.

Jugez-en par le trait que voici :

Louis XV aimait à parler de la mort, bien qu'il la craignît beaucoup ; — mais il pensait sans doute que son titre de roi le rendait immortel. — Un jour qu'il chassait dans la forêt de Sénart, il rencontre un enterrement. « Où portez-vous cette bière ? — Au village voisin. — Est-ce un homme ou une femme ? — Un homme. — De quoi est-il mort ? — De faim, » répond brusquement le villageois. Le roi piqua des deux et ne fit plus de question ; mais il ne fit pas non plus de réformes, et, à la mort de ce prince égoïste qui avait pour habitude de répéter : « Après moi, la fin du monde ! » arriva, en effet, la fin de l'ancien monde, c'est-à-dire la Révolution !

Ce jour-là, les souffrances séculaires du paysan trouvèrent des interprètes et des vengeurs dans la bourgeoisie : les villes se soulevèrent en demandant la liberté ; les campagnes, en demandant du pain, toutes deux en réclamant la suppression des priviléges ! Ce jour-là se forma cette alliance des villes et des campagnes, du bourgeois et du cultivateur, alliance si naturelle, si féconde, alliance qu'il faut entretenir, resserrer, défendre contre les tentatives de ceux qui ont intérêt à nous séparer les uns des autres pour mieux nous dominer ensuite les uns et les autres.

Voilà pourquoi ce n'est pas à vous de regretter l'ancien régime ; — voilà pourquoi vous dites justement : « Nous ne voulons pas du candidat de la noblesse, » bien qu'il y ait dans la noblesse (je me hâte de le dire) des hommes tout à fait dignes d'estime, et dont je m'honore (en ce qui me concerne) d'être l'ami !

II. L'ancien régime s'est perdu faute d'égalité ; l'Empire, faute de liberté.

Il parut jadis une caricature qui représentait un cuisinier au milieu d'une basse-cour. Il s'adressait aux poules, coqs, dindons, canards réunis autour de lui : « Mes bons amis, leur disait-il, je vous ai tous rassemblés pour savoir à quelle sauce vous voulez qu'on vous mange. — Un coq, dressant sa crête : Mais nous ne voulons pas qu'on nous mange ! — Vous vous écartez de la question : il ne s'agit pas de savoir si vous voulez qu'on vous mange, mais à quelle sauce vous préférez être mangés (*Rires*). « Eh bien ! n'était-ce pas un peu de cette manière que, sous l'Empire, vous fûtes parfois consultés, — notamment dans les *plébiscites !*

Pour mieux vous épargner la peine de vous occuper de politique, le Gouvernement poussait la complaisance jusqu'à vous choisir lui-même vos députés ; et il avait soin de les prendre bien dépendants et bien dociles. Les plus mauvais mandataires pour vous étaient — on le comprend — les meilleurs contrôleurs pour lui !

Souvenez-vous de ce temps ; il n'est pas encore si loin, et je connais quelqu'un qui voudrait vous y ramener ! (*Sourires.*)

Vous ne vous occupiez pas de politique ; mais, un jour, le gendarme se présentait avec une feuille de route : c'était votre fils qui était appelé à l'armée. Servir le pays, c'est le devoir, et nul ne peut s'en exempter, nul ne doit s'y soustraire ! Mais, si la mort pour le salut de la patrie a de quoi tenter une âme généreuse, mourir pour les fautes d'un prince ne peut qu'attrister le cœur et choquer la raison !

Où allait-il donc, votre fils? — Au Mexique où ont commencé les désastres et les hontes; en Allemagne, où il est bien entré, — comme on le lui annonçait, — mais en prisonnier, et non en vainqueur. — Il partait pour ces guerres mal conçues, mal commandées, mal finies, et il ne revenait plus! Il mourait, — le pauvre enfant! — loin de son village et de ses parents, d'une mort inutile, au revers d'un fossé ou dans un lit d'hôpital, sans laisser d'autre trace qu'un petit tertre de gazon où l'herbe poussait quelque temps plus drue, et sans même que l'humble croix du pauvre désignât cette place aux regards du passant.

Vous ne vous occupiez pas de politique; mais, un jour, est arrivé l'avertissement du percepteur. L'Empire, — de complicité avec ses *candidats officiels,* — avait déclaré la guerre, guerre que vous ne vouliez pas, mais qu'on a faite en votre nom, et dont il vous a fallu, après coup, acquitter les frais. Alors a fondu sur vous une pluie de petits papiers, — blancs, verts, roses, bleus, — de toutes les couleurs; — derrière ces petits papiers, il y avait, pour plus d'un, le porteur de contraintes, la faillite pour le commerçant, la saisie pour le cultivateur. Les anciens impôts ont dû être augmentés : il a fallu en créer de nouveaux : désormais, chaque fois que vous voudrez boire ou chasser, acheter de la poudre ou du sel, — rappelez-vous que ce surcroît de charges est la conséquence des fautes de l'Empire. Que chaque allumette — qui ne prend pas — vous éclaire sur le danger de ne point s'occuper de politique! (*Vifs applaudissements.*)

Et encore, vous êtes parmi les plus favorisés en France : la Bretagne n'a pas connu, en effet, les douleurs et les ruines de l'invasion.

Vous n'avez pas vu les batailles s'engager dans vos villages ; vos maisons occupées tantôt par l'un, tantôt par l'autre ; — éventrées à coups de pioche pour y percer des créneaux ; — trouées à coups de canon par l'ennemi, et, ensuite, brûlées froidement pour décourager la résistance et le patriotisme! Vous n'avez pas eu à subir les réquisitions ; vous n'avez pas été obligés de livrer votre blé, votre bétail, votre argent ; vous n'avez pas été contraints de conduire vous-mêmes, sur vos charrettes, le matériel de guerre qui allait servir contre la France. Vous n'avez pas craint pour l'honneur de vos femmes et de vos filles, souhaitant ce jour-là qu'elles fussent laides et vieilles, afin de ne point exciter les convoitises du vainqueur. Dans le malheur commun, vous ne supportez donc que la plus petite part, et cependant que de deuils et que de pertes, même pour vous, laissera derrière elle cette guerre inexpiable où l'honneur français a coulé par tous les pores ! (*Sensation.*)

Voilà pourtant le prix dont vous avez finalement payé la fausse prospérité matérielle qui faisait le titre principal du second Empire. Il se vantait d'être seul à pouvoir vous donner de bonnes récoltes, à vous faire bien vendre vos grains, et il répétait une parole corruptrice déjà prononcée sous Louis-Philippe : « *Enrichissez-vous.* » On sous-entendait... et ne vous occupez pas du reste !

En 1870, l'Empire s'est abîmé, non plus cette fois dans la défaite, mais dans la honte !

Eh bien ! — depuis que nous ne jouissons plus de cet admirable régime, — le soleil s'est-il voilé? la terre s'est-elle stérilisée? le blé en a-t-il moins mûri? le bois en a-t-il moins poussé? — Je vous le demande : — quand la récolte a-t-elle été meilleure? quand l'ordre a-t-il été plus complet? en un mot, quand avez-vous mieux fait vos affaires que sous M. Thiers, c'est-à-dire sous la République?

Vous reconnaissez aujourd'hui la vérité de ce que nous vous disions en 1869 : « — Ce n'est pas l'administration qui emplit vos greniers, pas plus que ce n'est elle qui sème et qui laboure; c'est au travail et aux engrais — non aux gouvernements et aux préfets — qu'on doit les bonnes moissons, — et c'est usurper sur Dieu que revendiquer les bienfaits de la pluie et du soleil! » — Vous voyez qu'on cherchait à vous tromper lorsqu'on vous représentait, dans les proclamations officielles, le maintien de la prospérité comme lié au maintien de l'Empire. Que voulait-on ? Vous rendre le despotisme plus supportable en lui attribuant faussement le monopole d'avantages qui, après tout, sont communs à tout gouvernement ayant des gendarmes et des juges. — Il a fallu le coup de foudre de 1870 pour révéler la faiblesse de ce colosse, dont le corps semblait de bronze massif, tandis que les pieds étaient d'une argile faite de boue et de sang. (*Sensation.*)

Ainsi, désormais, il y a, entre l'Empire et vous, les souvenirs encore cuisants de la guerre de 1870, guerre que ce régime — s'il pouvait être restauré — serait fatalement, par situation, et en quelque sorte par péché originel, — condamné à recommencer au grand danger, — et peut-être au grand dommage du pays!

De même, la politique suivie depuis le 24 mai nous éloigne de ce qu'on appelle le *cléricalisme*, bien différent de la religion à laquelle il est comme le masque au visage.

Aussitôt la retraite de M. Thiers, quelques conspirateurs de salons ont tenté de refaire, — ne fût-ce qu'à une voix de majorité dans l'Assemblée, — la monarchie de l'ancien régime, — de cet ancien régime où, comme je vous le rappelais tout à l'heure, vous payiez seuls l'impôt et où vous ne pouviez acquérir la terre ! — Ces bons Français risquaient ainsi de provoquer une guerre civile où, suivant le mot du maréchal de Mac-Mahon, «les chassepots seraient partis d'eux-mêmes entre les mains des soldats.» Mais qu'importe à des gens dont la patrie est à Rome ou à Frohsdorff ! Heureusement, les «chinoiseries» de ces artistes en «vieux neuf» sont venues se briser piteusement contre la loyauté d'un prince qui, tenant à se distinguer d'autres prétendants, a l'orgueil, difficile à réaliser, mais, en tout cas, noble à concevoir, de régner sur nous sans nous tromper. La force des choses, — la Providence, pour l'appeler par son nom, a déjoué les intrigues du parti de la révolution dite *conservatrice*, et maintenu la République comme gouvernement de nécessité !

Les monarchistes en déroute se sont-ils découragés? Non ! ils se sont rabattus sur l'*ordre moral*, qu'ils ont prétendu restaurer. Et c'est contre vous, électeurs

libéraux, que ce *combat* a été engagé ;
c'est aux franchises municipales que les
premiers coups ont été portés !

Vous aviez un maire élu, qui avait
votre confiance et la méritait ; en un
mot, qui était votre homme ! Eh bien !
il a été remplacé par un citoyen très-
honorable souvent, mais enfin qui a eu
le tort d'accepter du pouvoir ce que ses
concitoyens lui refusaient, de se laisser
mettre au cou, comme le chien de la
fable, le collier d'attache, signe de dé-
pendance qui dépare la dignité de l'é-
charpe municipale.(*Rires approbatifs.*)

Vous aviez un instituteur, bon père de
famille, homme moral, religieux, ins-
truit, maître zélé et dont chacun était
satisfait. Eh bien ! il a été changé, ou
mis à la retraite parce qu'il s'occupait
de former des citoyens — où on ne lui
demandait que des enfants de chœur !

Enfin, — (dernier trait du tableau !)
le curé, — si respecté, — et à juste titre, — quand il sait sagement se tenir,
— dans son église, — veut maintenant,
— dans beaucoup de communes, —
usurper, sortir de sa sphère, concentrer
au presbytère toute la vie municipale,
faire tout passer par ses mains, choisis-
sant le maire, — dominant l'instituteur,
—disposant du gendarme, faisant trem-
bler le juge de paix jusque dans son
prétoire, forçant le percepteur d'aller à
la messe, et à la grand'messe encore !—

Ce sont là de petites blessures, mais qui, en se renouvelant chaque jour, s'aggravent, s'enveniment, deviennent finalement insupportables. (*Murmure approbatif.*)

Voilà le mal, où est le remède? Dans votre vote éclairé et libre !

Je dis maintenant que, si vous vous occupez de politique, vous devez opter, — non-seulement entre des hommes, mais entre des opinions; — non-seulement entre des programmes individuels, mais entre des formes de gouvernement. — A ce titre, vous avez tout intérêt à préférer la République; car la République (je vais vous le montrer) est essentiellement propre à nous procurer ces trois bienfaits : l'ordre, la paix et la prospérité.

I. L'ORDRE, d'abord, est intéressé à ce qu'il n'y ait plus de monarque; oui ! intéressé; car les révolutions ne se faisant que pour renverser les princes, — c'est supprimer les révolutions que se passer de princes. — D'ailleurs, était-on tout à fait tranquille quand l'existence d'une nation entière dépendait de la vie d'un seul homme? — Que de gens, sous l'Empire, étaient troublés dans leur béate satisfaction par cette question qui se posait d'elle-même, comme un cauchemar : « Qu'arrivera-t-il à la mort de l'empereur? » Un grand peuple peut-il se mettre à la discrétion du moindre grain de sable qui d'aventure s'engagera dans le foie ou la vessie d'un César?

A la mort de Washington, le premier président de la République des États-Unis, le plus noble cœur que le monde ait jamais admiré, un général qui avait su redevenir citoyen, un dictateur qui avait repoussé, comme une injure, l'offre du trône, un chef de gouvernement qui avait refusé d'être réélu, il y eut une grande douleur de l'autre côté de l'Océan; mais on sentit qu'après tout rien n'était perdu et que l'Amérique restait debout, à côté du cercueil de son plus grand homme! — De même, en France, le 24 mai a vu le renversement de M. Thiers; et aucun trouble n'a éclaté; les rues sont restées calmes; les villes tristes, mais résignées, et le laboureur, revenant de son champ, la pioche sur l'épaule, ne s'est pas douté d'abord de tout ce qu'il avait perdu! Tel est le grand avantage de la République; c'est la nation qui remplace le roi, et la nation est immortelle! (*Sensation.*)

L'ordre, qui s'en montre plus scrupuleux observateurs que les Républicains? Vont-ils, comme les Bonapartistes, déclamer dans les réunions contre la propriété ou le capital, et promettre, non pas au vrai peuple, mais à une certaine *plèbe* des grandes villes, du *pain et des jeux*, comme aux plus mauvais temps de la décadence romaine, glorifiant la corruption et reconnaissant au Suffrage universel abusé le droit d'effacer le crime des coups d'Etat « sous son large pied ? »

Les a-t-on vus, comme les *cléricaux*, organiser de grandes manifestations contre le gouvernement établi, sous prétexte de dévotion ; je dis : *sous prétexte*, car rien n'est plus respectable qu'une foi sincère, pure de tout calcul et de toute arrière-pensée politiques.

Il est vrai que, quand les bonapartistes ou les *cléricaux* ont compromis l'ordre, ce sont les républicains sur lesquels on a frappé, en vertu d'une justice distributive qui n'avait de «*l'impartialité vraie*» que le nom. C'est ainsi que, sous l'ancien régime, quand le fils du seigneur avait commis quelque faute, c'était le fils du serf, son compagnon de travail, qu'on fouettait sous ses yeux, pour bien montrer au jeune aristocrate quel châtiment il aurait dû recevoir !

L'ordre n'est complet que quand il règne dans les esprits comme dans les rues ; or, cet ordre parfait pouvait-il se concilier avec les contradictions perpétuelles au milieu desquelles nous avons vécu jusqu'ici : — Un gouvernement qui n'osait dire ce qu'il était, ni comment il s'appelait, — qui ne prononçait qu'à regret, et comme en s'ex-

cusant, le mot mal sonnant de République, — qui avait recours d'ordinaire à
toutes sortes de circonlocutions... pudi-
ques, et était toujours tenté d'arrêter,
comme séditieux, ceux qui criaient :
«Vive la République,» sous la République! Une opinion déroutée, lasse de tant
d'intrigues, écœurée de tant de mar-
chandages, avide de ce qui est simple,
clair, et aspirant à la lumière comme
le visiteur qui, engagé dans les profon-
deurs d'une mine, se sent gagné par
l'asphyxie et, en hâte, remonte vers le
jour pour respirer et jouir à pleins
poumons de l'air libre : voilà le dés-
ordre intellectuel qu'a engendré l'*ordre
moral*, et c'est cet état de choses qu'il
faut faire cesser par des élections libé-
rales! (*Approbation.*)

II. — Outre que la République, entre les
mains des républicains, donnerait l'ordre, — l'ordre sans épithète, cette fois,
— elle serait une garantie de PAIX. La
République, en effet, ne se lance pas
comme Louis XV pour Mme de Pompa-
dour, sa maîtresse, dans une guerre
longue et sanglante, sans autre grief
qu'une plaisanterie soldatesque ou un
mot méchant échappés à la bouche d'un
roi voisin. — Une anecdote, plaisante
dans la forme, très-sérieuse au fond, et
que j'emprunte à un livre, moitié ro-
man, moitié politique, vous fera mieux

comprendre ma pensée : Il était une fois — dans le pays des Herbes-Folles — un roi à peine majeur, prince débonnaire, enclin à la paix, mais vaniteux (cela arrive, même aux princes des légendes !). Ce jeune souverain — qui répondait au nom de *Caniche*, comme un simple barbet — avait un ministre ambitieux, comme il y en a beaucoup, et bête, comme il y en a quelques-uns. (*Sourires.*)

Ce ministre, vieux grognard tourmenté du désir de passer maréchal, poussait *Caniche* à la guerre. — Les caniches ne s'exaltent pas facilement. — Celui-ci objectait donc les difficultés de l'entreprise ; le ministre répondait que tout était prêt, absolument prêt, «jusqu'aux boutons de guêtre.» (*Rires.*) (Nous ne connaissons que trop ces affirmations téméraires.) *Caniche* résistait toujours ; enfin, le général parut se résigner, et, d'un ton doucereux : « Votre Majesté montre là, dit-il, une sagesse au-dessus de son âge, et rien n'est, en effet, plus propre à prouver au roi des Gobe-Mouches qu'il a été aussi injuste qu'insolent en vous traitant de *blanc-bec ;* — Vous avez dit?... comment ! il m'a traité..... vous aviez raison, général! la guerre est nécessaire ; elle va être déclarée, et je leur montrerai que je ne suis pas un *blanc-bec.* » (*Sourires.*) Cela vous paraît un conte de fées : Eh bien! c'est presque de l'histoire — et (ce qu'il y a de plus triste)—de l'histoire de France peut-être toute récente.

Voilà ce qu'on gagne à avoir un monarque : — Il déclare la guerre sans motifs comme sans préparation.

Ce n'est pas que je méconnaisse la nécessité de la guerre quand l'honneur national est sérieusement engagé, et je conviens volontiers qu'elle porte alors avec elle un caractère de sombre grandeur : L'idée de la mort imminente et volontairement bravée, le sentiment de la justice de la cause qu'on sert les armes à la main, l'amour de la patrie qu'on défend ou qu'on venge sont des mobiles pleins de noblesse qui, aux heures décisives, élèvent l'homme au-dessus de lui-même. Ce n'est pas non plus que je refuse mon admiration attendrie à ce petit fantassin qui, après avoir coupé ses cheveux et perdu de vue le clocher de son village, donne allègrement un coup de sac pour secouer les souvenirs qui amollissent le cœur, et, dès lors, suit ses camarades, obéit à ses chefs, modèle ignoré d'abnégation et de courage, héros sans gloire, avec quelques sous pour toute liste civile, et qui gagne les batailles sans en retirer autre chose que la satisfaction impersonnelle du devoir accompli. (*Sensation.*)

Seulement, le patriotisme, pour être

sincère, n'a pas besoin d'être aveugle;
nous devons donc nous inquiéter de
savoir quel est celui qui, du fond de son
cabinet, envoie à la mort tant d'hommes pleins de vie et d'espérances ! —
Sera-ce un prince trop jeune ou trop
vieux, à peine sorti de l'enfance ou sur
le point d'y retomber? Sera-ce un César
aventurier et rêveur qui préfère des mi-
nistres « *au cœur léger* » à des conseil-
lers indépendants? Sera-ce un homme
usé par la débauche, affaibli par la ma-
ladie, dominé par une femme, et sacri-
fiant les intérêts de sa patrie à ceux de
sa dynastie? Sera-ce, en un mot, un
roi, un empereur, ou la nation consultée
à temps et décidant elle-même de ses
destinées par l'organe de ses représen-
tants légitimes?

La République n'ayant pas, elle, de
tête princière à couronner de lauriers,
est pacifique par nature comme par
destination. L'Europe, après la coû-
teuse expérience de la coalition des
rois contre les peuples, ne s'y
trompe plus, et elle en arrive à préférer une république sage à une monarchie aventureuse. Aussi, par deux fois,
depuis 1871, nous a-t-elle aidés à
maintenir la paix dont nous avons besoin pour réparer nos désastres et refaire nos finances !

Notre sécurité serait donc entière si,
chaque jour, la politique *cléricale* ne

nous créait des embarras à l'étranger, comme elle est la source de persécutions à l'intérieur.

Personne n'a plus de respect que moi pour le vieillard vénérable qui — (volontairement et par une dignité dont il est le seul juge) — s'enferme au Vatican ; mais j'avoue que déclarer la guerre pour le remettre en possession de Rome, faire couler de nouveau le sang français pour lui rendre son pouvoir temporel, creuser l'abîme de notre dette publique pour replacer sous son autorité des sujets qui ne veulent plus de lui, — et cela au risque de nous attirer une quatrième invasion, de fournir une nouvelle proie aux ambitions croissantes et aux cupidités insatiables de la Prusse, — cela me paraîtrait un crime de lèse-nation, et me semble une des raisons les plus décisives qui doivent vous porter vers la République, gouvernement d'ordre et de paix !

III. — J'ajoute : et de PROSPÉRITÉ PUBLIQUE. En effet, qui dit : Prince, dit cour et liste civile. Que de millions dépensés en fêtes inutiles, quand les écoles manquent de livres, et les instituteurs presque de pain ! Quel aliment pour l'esprit de favoritisme et d'arbitraire que les passions de souverains qui passent leur vie entre des courtisanes et des courtisans ! De ce luxe qui nous éblouit de loin, que nous revient-il à nous, simples contribuables, administrés obscurs? L'ineffable plaisir de voir un jour passer, au milieu de flots de poussière, une calèche contenant des princes ennuyés, auxquels (quand ils daignent s'arrêter toutefois) (*Rires.*) on lit des discours toujours les mêmes, sous des arcs de triomphe que rien ne justifie, et dont il ne reste, après leur passage, que deux choses : des fleurs fanées et la note du charpentier. (*Sourires.*)

La *note à payer*, voilà le rôle qui, de tout temps, vous revint. Un ministre de l'ancien régime vous réservait la compensation de vous moquer du pouvoir. « Ils chantent, ils payeront, » disait-il, variante du vieux et impitoyable proverbe : « *Bonhomme crie, mais Bonhomme payera.* »

Depuis 1789, le peuple a pris l'habitude d'aller plus loin, c'est-à-dire de faire, de temps en temps, maison nette de ces serviteurs qui veulent trop être les maîtres au logis. Ils partent repus et cependant laissent toujours des dettes après eux, semblables à un consommateur peu délicat dont je veux vous raconter l'histoire.

Cet homme, doué de plus d'appétit que de scrupules, venait de terminer un bon dîner dans un grand restaurant de Paris. Il fait appeler le chef de l'établissement : « Vous est-il arrivé parfois, lui dit-il, d'avoir affaire à un client hors d'état de vous payer? —Ma foi non, jamais ! — Si cela arrivait, que feriez-vous ? — Parbleu, je le flanquerais à la porte avec un coup de pied quelque part.» Notre dîneur se lève, enfonce son chapeau, tourne le dos au restaurateur, et, entr'ouvrant les pans de sa rédin-gote : — Payez-vous, fit-il. » (*Rires bruyants.*) C'est un peu la manière dont quelques princes…. se font reconduire.

— Mais si nous ne faisons que prendre un maître à la place d'un autre, qu'arrivera-t-il? Nous aurons échangé des sangsues gorgées et devenues pour ainsi dire inoffensives contre des sang-sues maigres et avides de sang nou-veau, et le souverain congédié pourra dire comme ce ministre des finances en disgrâce: « Ils ont bien tort de me ren-voyer; j'avais fait mes affaires, et j'allais m'occuper de faire les leurs ! » (*Rires.*)

Ne vaudrait-il pas mieux s'arrêter de suite au parti économique de faire tou-jours ses affaires soi-même, et, au lieu de renvoyer périodiquement des prin-ces, de s'en passer une bonne fois, ré-solution prudente qui nous eût épargné CINQ RÉVOLUTIONS, si nous avions su y persister dès l'origine! Or, se passer de princes, n'est-ce pas être en Républi-que? Nous y sommes, restons-y, plus avisés en cela que les grenouilles de la fable qui, se lassant de l'état démocratique, demandèrent un roi et tombèrent sur une grue aussi stupide que vorace !

Rester en République nous sera cette fois d'autant plus facile que la Constitution nouvelle est assez conservatrice pour rassurer les intérêts, et assez ouverte pour satifaire les aspirations de progrès.

Jusqu'ici, on rédigeait des Constitutions pour un homme imaginaire, comme un tailleur qui, au lieu de prendre mesure à son client pour lui confectionner une culotte, ferait d'abord la culotte, sauf à forcer ensuite le client à y entrer. (*Rires*.) Mais le vêtement est fait pour l'homme, non l'homme pour le vêtement : voilà la raison très-simple des échecs successifs des Constitutions républicaines antérieures. Il n'y a pas d'homme idéal, et, comme le disait un écrivain de grand esprit : « Je connais des Français, des Anglais, des Allemands ; je sais même qu'on peut être Persan ; mais, quant à l'homme, je ne l'ai rencontré nulle part, et, s'il existe, c'est bien à mon insu. » Précisément, le grand mérite de la Constitution actuelle, c'est d'être faite, non pour l'homme en général, mais pour des Français en particulier, et des Français de 1875, avec leurs qualités et leurs défauts : leur esprit prime-sautier et leur patience un peu molle ; leur respect parfois exagéré du pouvoir et leur goût prononcé des changements !

Bonaparte trouvait qu'une constitution doit être « *courte...* et *obscure;* » c'était là le mot et le vœu d'un despote. Notre Constitution est courte, mais je vais essayer de la rendre claire, — du moins à vos yeux. Elle institue : 1° un chef d'Etat portant le titre de Président de la République, élu par les deux Chambres réunies en Congrès et indéfiniment rééligible; 2° un Sénat permanent, renouvelable par tiers, et élu par les élus du suffrage universel : Voilà — dans ce qu'il a d'essentiel et de tout à fait nouveau — ce pacte du 25 février destiné à concilier ce qui restait d'habitudes monarchiques avec ce qui grandit de sentiments républicains dans le pays.

Un président, à la fois électif et rééligible, présente une double garantie : d'un côté, à quoi bon une révolution violente pour renverser le chef d'Etat impopulaire qui, dans quelques années, dans quelques mois peut-être, va, légalement et par le cours naturel des choses, rentrer dans la vie privée? D'autre part, quel motif pour le Président de faire un coup d'Etat, puisque, — s'il a conscience de marcher d'accord avec le pays,—il n'a qu'à renvoyer les députés devant le suffrage universel, — ce juge en dernier ressort, — sûr ainsi d'obtenir la majorité et de voir renouveler

son mandat. Par ce moyen, ni révolution, ni coup d'Etat; que peut désirer
de mieux le parti vraiment *conservateur?*

Quant au Sénat, c'est non-seulement
un rouage nécessaire, mais la pièce
principale de la machine constitution-
nelle. Vous avez tous une horloge de
village, n'est-ce pas? Eh bien! dans ce
modeste mécanisme, il y a deux poids
pour se contrebalancer aux deux bouts
de la longue chaîne qui grince. De
même, dans un pays, il faut deux Chambres pour se pondérer l'une par l'autre.
Le Sénat, c'est le second poids qui règle
la pendule. Les lois de la mécanique et
de la politique ne sont pas différentes;
car elles dérivent également de la
nature des choses.

J'entends murmurer que le Sénat
nouveau sera une aristocratie; mais, du
moins, aristocratie acceptable pour la
démocratie, puisqu'elle est prise dans
son sein, qu'elle en sort et qu'elle y ren-
tre périodiquement; aristocratie dans
le sens légitime du mot, — puisqu'elle
ne doit être composée — (et cela com-
mence à être une vérité!) — que des
meilleurs et des plus capables; aristocratie du mérite, seule en état de tuer
l'aristocratie de la naissance parce que,
seule, elle peut la remplacer; — aristocratie sans hérédité, temporaire, mobile,
avec le talent pour justification, le vote
pour origine et le peuple pour parrain !

Comment d'ailleurs s'alarmer, au point de vue démocratique, d'une pareille institution, alors que le suffrage universel est à la base comme au sommet de l'édifice constitutionnel ?

En effet, d'où le Sénat tirera-t-il son origine? du suffrage universel, — indirectement du moins, — puisque les électeurs sénatoriaux sont tous à des degrés divers, les élus du sufîrage universel. D'où procédera également le pouvoir exécutif? du suffrage universel, puisque le suffrage universel élit les Chambres qui, réunies en Congrès, désigneront le Président. Enfin, peut-on oublier la Chambre des députés — (l'élue directe du suffrage universel, celle-là), — et qui, sans absorber tous les pouvoirs comme l'Assemblée de 1871, — conservera la prépondérance que donne le vote du nombre, force irrésistible quand elle s'appuie sur la raison et sur l'instinct du progrès.

Un Sénat qui se maintient en se renouvelant, — c'est, au sein d'une République, ou, par essence, les hommes changent, les idées se succèdent, et le progrès, — comme les astres, — marche sans jamais s'arrêter, — l'introduction d'un élément,— non pas immobile, — mais immuable; l'apparition de l'esprit de corps et du sentiment de durée. — C'est grâce à la permanence de son Sénat, — gardien de la foi jurée, —

qu'une République peut conclure avec les puissances étrangères des traités à longue échéance ; le Sénat est, pour la nation, comme la conscience pour l'individu, la conscience qui, — malgré les transformations successives de l'enveloppe matérielle, — subsiste identique à elle-même, et maintient ainsi l'unité de la personnalité humaine. — Un Sénat permanent, au lieu d'une dynastie, — c'est le principe traditionnel dans le pouvoir exécutif ; mais, au fond, la garantie conservatrice est la même !

Pour vous rendre les choses plus claires à vous-mêmes, — car tout ceci est un peu abstrait, — représentez-vous la Constitution sous la forme la plus élémentaire et la plus usuelle. Figurez-vous une brouette. Eh bien ! dans la brouette, il y a les bras qui communiquent le mouvement, c'est le pouvoir exécutif armé de l'initiative ;—il y a la roue qui tourne et avance, c'est la Chambre des députés, élément de progrès ; — il y a, enfin, l'essieu qui reste fixe, c'est le Sénat, élément de stabilité : Il faut les trois éléments pour faire une brouette... et une Constitution. (*Sourires.*)

Malgré tant d'avantages, la Constitution du 25 février ne rencontre pas une adhésion unanime. La Fontaine l'a dit :

Nul ne peut contenter tout le monde et son père.

On se récrie sur ce qu'elle n'est pas parfaite ; mais qu'y a-t-il de parfait dans ce monde ? — C'est la destinée de notre misérable condition humaine de toujours tendre à la perfection sans jamais y atteindre, de mêler constamment le mal au bien, heureux encore si le total des avantages l'emporte sur le détail des inconvénients.

Que faut-il donc faire ? ce que fit Franklin, l'homme le plus sage, l'esprit le plus fin, le patriote le plus rempli de bon sens de toute la République des Etats-Unis. — La Constitution américaine ne le satisfaisait pas. — Elle organisait deux Chambres, et il était alors partisan d'une Assemblée unique ; je dis *alors ;* car, plus tard (il est bon de le noter), il revint à la division du pouvoir législatif, ajoutant avec malice « que ne changer jamais d'avis n'est pas une preuve d'esprit, et n'a jamais convaincu personne. » (*Sourires.*) — Toujours est-il qu'au moment de la mise en œuvre de la Constitution, le Sénat lui inspirait encore des craintes assez vives et de fortes répugnances. Eh bien ! il n'hésita pas, lui qui avait discuté avec ardeur la Constitution, quand elle était encore en préparation, à la recommander chaudement, dès qu'elle fut votée, et, dans une lettre rendue publique, il donnait à ses compatriotes les sages conseils que voici :

« J'accepte cette Constitution parce que je n'en espère point une meilleure, et parce que je ne suis pas sûr qu'elle ne soit point la meilleure. Je sacrifie au bien public l'opinion que j'ai eue de ses défauts.

J'espère donc que, dans notre intérêt immédiat comme membres de la Nation, ainsi que dans l'intérêt de l'avenir, nous agirons cordialement et unanimement pour recommander la Constitution partout où s'étend notre influence, et que nous tournerons nos pensées et nos efforts vers les moyens propres à faire qu'elle soit bien administrée. »

Telle est la ligne de conduite qui s'impose aux républicains. La sagesse a commencé la victoire ; elle doit l'achever. C'est cette même sagesse qui nous conseille de nous attacher à la Constitution, comme au seul point fixe que la fortune nous offre pour la ressaisir un jour.

C'est le rivage — auquel le matelot, — après avoir vu sombrer son navire, après avoir été longtemps roulé par la vague, aveuglé par les coups de ressac, déchiré par les pointes de rocher, aborde, en remerciant le ciel d'un salut dont il a pu désespérer un moment ! et c'est à cet homme encore tremblant du danger qu'il a couru ; c'est à ce nageur las d'errer sur une mer trompeuse qui se dérobait sous lui ; c'est à ce naufragé d'hier, à ce ressuscité d'aujourd'hui, qu'on vient proposer de se rejeter à l'eau, de regagner la haute mer, de se confier de nouveau à la tempête, et cela sans navire, sans voiles, sans boussole, embarrassé entre trois pilotes, dont l'un se dérobe ou fait des conditions inacceptables, le second ne sait quelle route suivre pour lui-même, et le troisième a causé précisément le naufrage auquel on vient à peine d'échapper :

C'est la France qui vous en supplie, la France, cette grande et « chère blessée », dont les plaies ont été pansées parM. Thiers, cicatrisées par la Constitution. Donnez-lui la paix, la sécurité, le repos dont sa convalescence a besoin ; et pour cela que faut-il faire ? Elire dans chaque département comme sénateurs, et dans chaque arrondissement comme députés, des républicains aussi fermes que modérés ; car il s'agit de maintenir, de consolider, d'améliorer ce qui existe : la République. (*Applaudissements prolongés; cris de : « Vive la République ! »*)

CORENTIN GUYHO

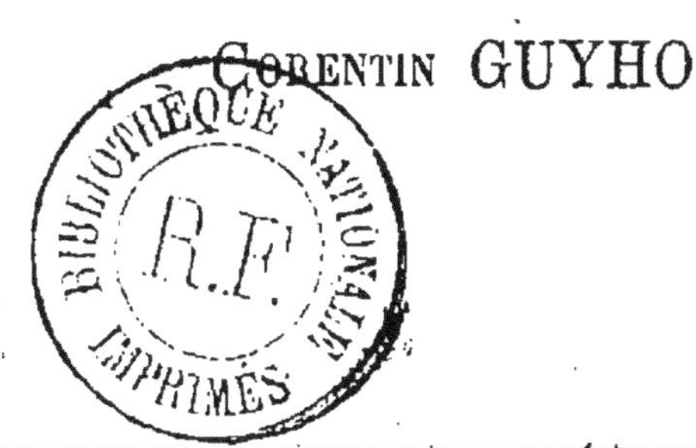